AF586775

DE LA

MEUNERIE-BOULANGERIE

à propos d'une Enquête établie

SUR UN PROJET DE CE GENRE

PAR LES AUTORITÉS MUNICIPALES DE LA VILLE DE ROUEN.

Les questions soulevées dans ces derniers temps sur la fabrication et la vente du pain, et sur l'organisation et la réglementation de la boulangerie dans nos grandes villes, offrent le plus grand intérêt, tant aux parties que ce débat concerne, qu'au public lui-même.

Nous croyons donc utile de reproduire divers articles, dernièrement publiés par l'*Écho agricole*, au sujet d'une enquête établie par les autorités municipales de la ville de Rouen, sur un projet d'établissement de meunerie-boulangerie qui leur avait été soumis.

Il importe au plus haut degré que la lumière se fasse, et qu'on distingue parfaitement, dans tous ces projets, la part de l'intérêt public et celle de la spéculation.

Tel est le but de cette reproduction.

Nous trouvons dans un des derniers numéros du *Journal de Rouen* un long article. par lequel ce journal nous apprend que « la mairie de Rouen est saisie d'une demande d'autorisation pour un établissement qui, réunissant la meunerie et la boulangerie, livrerait le pain aux consommateurs à *trois centimes par kilogramme au-dessous de la taxe*, calculée d'après les éléments actuels d'appréciation. »

Il paraît, du reste, que cette demande remonte déjà à quelques mois

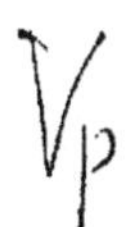

et que la municipalité rouennaise, avant de se prononcer, a voulu, ce qui est fort sage, s'entourer de nombreux renseignements et bien fixer son opinion sur le mérite du projet qui lui est soumis. Les auteurs de ce projet auraient pour but de fonder un établissement qui comprendrait : des fours à sole tournante, dits fours Roland, des pétrisseurs mécaniques du même inventeur, enfin des moulins fabricant la farine nécessaire au travail de cette boulangerie; puis enfin, comme en raison de l'importance qu'on veut lui donner cet établissement ne peut être central, on demande la permission d'ouvrir sur divers points de la ville des dépôts pour la vente du pain en détail.

Si la profession de boulanger était libre dans la ville de Rouen, la position de la municipalité serait bien simple et bien facile, elle répondrait aux pétitionnaires : Établissez-vous à votre gré, ouvrez autant de dépôts de pain que vous voudrez; vendez le pain au prix que vous jugerez convenable, pourvu que vous ne dépassiez pas le prix de taxe. La municipalité verra avec plaisir que vous puissiez faire de bon pain, le vendre à prix modéré et assurer aux capitaux de vos actionnaires un bénéfice assez convenable pour maintenir l'existence de votre établissement.

Mais les choses ne peuvent se passer ainsi. Il y a à Rouen une boulangerie réglementée par un décret de 1813.

Nul ne peut y exercer la profession de boulanger sans une permission spéciale du maire.

Il est défendu, sous peine de confiscation, d'établir des regrats de pain (vente de seconde main) en quelque lieu public que ce soit.

Il n'y a d'exception à cette règle qu'en faveur de boulangers forains admis, concurremment avec les boulangers de la ville, à vendre du pain sur les marchés publics et aux jours indiqués par le maire.

Ce que demandent les exploitants du four à sole tournante, et de l'idée, déjà bien vieille, des meuneries-boulangeries, est donc en opposition manifeste avec les décrets et règlements relatifs à la boulangerie rouennaise; mais il y aurait fort mauvaise grâce à opposer aux pétitionnaires une fin de non-recevoir fondée sur ces règlements; les constitutions, même en fait de boulangerie, ne sont pas éternelles; pour les changer pourtant, il faut que ce qu'on veut mettre à la place soit véritablement préférable. Voyons donc si, en effet, la municipalité de Rouen peut trouver dans ce qu'on lui propose une raison suffisante pour bouleverser un régime qui depuis longtemps a fait ses preuves dans les bonnes comme dans les mauvaises circonstances.

Le four à sole tournante, invention contestée de M. Roland, est-il un appareil qui présente une économie sur les frais de combustible, un mérite particulier sur la cuisson du pain? Les faits sont là pour répondre.

A la boulangerie des hospices de Paris, ce four, après avoir été essayé à plusieurs reprises, a fini par être démoli. On a constaté que la production du calorique n'y présentait pas d'économie; que la chaleur s'y répandait d'une manière inégale, et que la cuisson du pain n'y était pas régulière. Dans les plus arriérées de nos provinces, chez quelques nations étrangères où la construction des fours n'a fait aucun progrès depuis des siècles, le four Roland a pu paraître un progrès, — chez les aveugles, les borgnes sont rois, — partout ailleurs, notamment à Paris, on l'a considéré comme donnant des résultats inférieurs à ceux des fours en usage. Ce n'est donc pas sur un appareil d'un mérite aussi contestable qu'on peut baser une révolution dans une organisation aussi ancienne, aussi éprouvée que celle de la boulangerie rouennaise.

Le pétrin mécanique auquel M. Roland a aussi donné son nom, mérite-t-il plus d'attention que le four à sole tournante? Voici ce que nous en avons appris : Le pétrin Roland ne vaut ni plus ni moins que beaucoup d'autres pétrins. Le défaut général de ces instruments est de ne faire qu'une partie du travail du boulanger, de nécessiter autant d'ouvriers que l'ancien système, d'en exiger même de plus habiles, de ne comporter aucune économie; enfin, c'est une question très secondaire parmi toutes celles que soulève l'organisation de la boulangerie.

A la fabrication du pain au moyen du pétrin et du four Roland, les pétitionnaires se proposent d'ajouter la fabrication de la farine dans un moulin contigu à leur fournil. C'est ce mariage de deux industries, jusqu'ici séparées, qu'on désigne sous le nom de *meunerie-boulangerie*, et que l'on veut faire considérer comme assez fécond pour permettre de vendre le pain *trois centimes par kilogramme* au-dessous du prix taxé par la municipalité. La promesse est, en effet, très séduisante; un système au moyen duquel on pourrait ainsi exonérer le consommateur, est bien fait pour mériter un examen sympathique et sérieux, et qu'importe le mérite particulier du four à sole tournante et du pétrin Roland, si de l'ensemble dans lequel ils se trouvent, il peut résulter un abaissement subit et durable du prix du pain!

Nous avons dit plus haut que le four et le pétrin Roland ne présentent par eux-mêmes aucune économie, et ne pourraient motiver un abaissement du prix du pain. Ce fait, pour toute personne un peu versée dans les détails de la boulangerie, n'a pas besoin de preuves; il est notoire cependant et les preuves abondent; il n'est pas inutile ici d'en citer quelques-unes, pour l'édification des autorités administratives, qui ont si justement à cœur l'intérêt des consommateurs. Si, en effet, ces deux instruments, le four et le pétrin Roland, avaient cette puissance magique de diminuer pour le boulanger les frais de manutention de trois centimes par kilog. de pain, soit 3 fr. 90 par quintal de farine, ou 6 fr. par sac de 157 kilog., ni les boulangers de Paris, ni ceux de Rouen, ni ceux d'aucune de nos grandes villes n'eussent manqué de les introduire dans leur fournil. Or, à Paris, sur six cents boulangers, il n'y en a pas quatre qui aient usé de ces instruments; encore l'un ne les a-t-il pris que parce que le propriétaire de la maison qu'il habite s'est chargé d'en faire les frais; un autre a été forcé de les abandonner et de revenir aux anciens fours; un troisième déclare qu'il considère ce four comme beaucoup plus convenable à la fabrication de la pâtisserie qu'à celle du pain. Les hospices civils qui ont une manutention permanente les rejettent et les démolissent après essais réitérés.

A Vire, il y a un four Roland; on y vend le pain au prix de la taxe.

A Avranches, une compagnie a fondé un four de ce système. Elle vend le pain au prix de taxe. Elle avait plusieurs dépôts qu'elle a supprimés parce que les frais en étaient trop considérables.

A Bourges, on essaie un instant de vendre au-dessous de la taxe; mais les recettes sont insuffisantes, on revient à la taxe.

A Lorient, le four Roland vend le pain au prix de taxe.

A Fontainebleau, retour à la taxe, faute de bénéfice en vendant au-dessous. La compagnie s'est dissoute, elle a vendu à un boulanger ordinaire.

A Beauvais, on a d'abord vendu à 3 c. 1/4 au-dessous de la taxe. L'établissement s'est ruiné et a été cédé à un boulanger ordinaire.

A Lyon, la boulangerie-meunerie a déjà deux fois liquidé; elle est aujourd'hui en vente.

A Orléans, les bénéfices ont fait défaut; le moulin est loué à un négociant de la ville qui l'exploite pour son compte et fournit à la boulangerie-meunerie, les quelques sacs de farine dont elle a besoin.

A Saint-Étienne, l'établissement fondé en grand par une société a commencé en septembre 1856; des dépôts sont placés dans différents quartiers de la ville; mais il faut voir la fin; et, d'ailleurs, il faut dire que Saint-Étienne était la ville de France où l'on faisait le plus mauvais pain, et que, sur quatre sortes de pain vendues, il y en a trois qui ne sont pas soumises à la taxe (1).

(1) Voir à la page 20.

A Dunkerque, une manutention civile avec four Roland vient de s'établir il y a quelques mois. Elle vendait d'abord à 2 centimes au-dessous de la taxe; elle y a renoncé et vend maintenant à la taxe. Dix boulangeries de cette ville ont cessé d'exister, sans que le public y ait rien gagné.

Ainsi, sur les onze pays par nous cités comme possédant des fours Roland, huit vendent le pain au prix de taxe; ce sont : Paris, Vire, Avranches, Bourges, Lorient, Fontainebleau, Dunkerque, Beauvais; quatre se sont déjà mis en vente ou liquidés : Lyon, Orléans, Beauvais. Fontainebleau; un seul, Saint-Étienne, se maintient depuis un an dans des conditions exceptionnelles.

Dira-t-on qu'au moins sur quelques points la qualité du pain a été améliorée par l'introduction du four Roland? Cette amélioration. si elle existe, n'est nullement le fait du système; mais celui de la concurrence, qui aura toujours pour résultat, dans toute espèce d'industrie, de provoquer des progrès.

L'adjonction de la meunerie à la boulangerie est-elle susceptible d'amener une baisse sérieuse sur le prix du pain? serait-elle sous d'autres rapports plus nuisible que profitable aux intérêts publics?

Examinons ces deux questions.

A une époque qui n'est pas encore bien éloignée, beaucoup de boulangers, même à Paris et à Rouen, fabriquaient eux-mêmes leurs farines. Il y a même encore aujourd'hui des boulangers de village ou de petites villes qui n'achètent que du blé et le font moudre, soit dans des moulins qu'ils exploitent directement, soit chez des meuniers à façon. Beaucoup de ces boulangers font moudre à la grosse et blutent eux-mêmes ces farines, comme cela se pratiquait au quinzième siècle.

Depuis longtemps, les boulangers de Paris et de Rouen ont abandonné ce système, qui avait pour effet de leur nécessiter des avances de fonds plus considérables; de leur faire subir des pertes de temps; de ne leur fournir que de médiocres marchandises. Généralement. aujourd'hui, le boulanger se contente de faire le pain, d'en soigner la vente et la qualité; c'est la meunerie qui fait la farine et qui a tout intérêt à en soigner la fabrication et la qualité pour se ménager une clientèle.

Ce qu'on veut faire revivre aujourd'hui n'est donc qu'un vieux système depuis longtemps abandonné; seulement on n'aura plus, comme autrefois, des moulins à eau, mais des moulins à vapeur; on se déplacera moins pour soigner la fabrication, mais on aura un moteur dispendieux; avec le moulin à eau le boulanger pouvait avoir sa boulangerie au centre de la consommation, la farine arrivait à sa porte; avec le moulin à vapeur et la boulangerie adjacente, l'établissement ne peut être situé que sur le périmètre des villes, partie toujours la moins peuplée; et conséquemment, pour vendre le pain, il faudra non-seulement le porter à domicile, mais forcément avoir des dépôts de vente dans les différents quartiers de la ville, au centre de la consommation. Ces dépôts entraînent des loyers, des comptables, des inspecteurs, des frais de diverse nature. Il faudra notamment y conduire le pain chaque matin; et le transport du pain doit être fait proprement, délicatement, dans des voitures suspendues; c'est un transport coûteux. On calcule qu'à Paris, par exemple, 20 sacs de farine coûtent 25 fr. à conduire à n'importe quelle extrémité de la ville, tandis que le produit en pain de ces mêmes 20 sacs, conduit soit à domicile, soit dans des dépôts de vente, coûterait bien près de 200 fr.; c'est-à-dire huit à dix fois plus. A Rouen, les distances étant moins longues, la différence, entre le transport grossier d'un sac de farine et le transport soigné du pain, serait peut-être moins forte, mais elle serait également très importante.

Il y a, de plus, un embarras de détail dont il faut tenir compte dans une grande ville. Le boulanger ne vend pas toujours exactement la quantité de pain qu'il fabrique. Un jour il peut lui en rester, un autre jour la quantité fabriquée est insuffisante: quand il a son fournil à domicile, il donne l'ordre de fabriquer plus ou de fabriquer moins, suivant les commandes qui lui sont faites; cet ordre est passé le soir au moment où la vente est close. La boulangerie-meunerie devra avoir un personnel chargé de connaître exactement chaque soir les besoins de ses dépôts : combien de pains; combien de tels poids; combien de telles formes; nouvelle source de dépenses et de mécontentement.

Un boulanger qui achète de la farine n'a pas besoin d'un gros capital. Il ne paie cette farine que lorsqu'il l'a revendue sous forme de pain. S'il achète du blé, il lui faut un fonds de roulement; le blé se paie comptant; c'est encore une cause de frais et d'embarras.

Tous ces détails : les moulins à vapeur comme force motrice, le transport du pain à domicile et aux dépôts, les loyers de ces dépôts, le personnel qu'ils entraînent, l'intérêt et l'amortissement du capital que demandent la construction du matériel et le fonds de roulement, tous ces détails absorbent et au-delà le bénéfice moyen du fabricant de farine. La réunion de la meunerie à la boulangerie ne peut donc procurer les éléments d'un abaissement du prix du pain, dans les villes où cette taxe est assise sur des bases bien étudiées.

Les pétitionnaires qui veulent spéculer aujourd'hui sur la boulangerie rouennaise, promettent de vendre le pain 3 centimes par kilog. au-dessous de la taxe. Nous avons déjà vu qu'ailleurs cette promesse n'avait pu être tenue; nous ne savons quelles sont à Rouen les bases de l'établissement de la taxe; nous les croyons à peu près semblables à celles de Paris, et dans ce cas nous croyons pouvoir affirmer que nulle entreprise, fût-elle meunerie-boulangerie, ne pourrait vendre le pain à un pareil rabais. A Lyon, où l'exagération de la prime de cuisson a depuis longtemps attiré un grand nombre de boulangers, la manutention meunerie-boulangerie de la Guillotière, munie de ses fours et pétrins Roland, a déjà dévoré deux fois son capital.

Il se peut que dans les chutes de Lyon, d'Orléans, de Fontainebleau, de Beauvais, l'insuffisance de la gestion ait été pour quelque chose; mais c'est précisément là une des plaies de toutes ces grandes affaires en actions, où les gérants n'ont d'habileté que pour ce qui s'appelle, dans le vocabulaire spécial, monter une affaire. Trouver un gérant qui soit à la fois meunier, boulanger, administrateur, d'une intelligence et d'une probité à toute épreuve, c'est chose des plus difficiles et des plus rares.

Et c'est en face de pareilles éventualités que l'administration consentirait à bouleverser une organisation qui a toujours été suffisante, dans les bons comme dans les mauvais jours; qui est d'une solidité à toute épreuve parce qu'elle est sagement répartie; où les affaires se font et se suivent par de bons pères de famille, responsables de leurs actes, soigneux de leur honneur et de leurs intérêts, toujours disposés à seconder les vues paternelles de l'administration! Et pour mettre à la place, quoi? De très grands établissements créés à grands frais, incapables de tenir longtemps leur promesse menteuse, de vendre le pain à meilleur marché; continuellement menacés de ruine par l'insuffisance des gérants ou l'infidélité des agents subalternes, par l'énormité de leurs frais, et les dépenses d'un nombreux état-major. Encore s'il ne devait s'ensuivre qu'une déception pour le public et pour les actionnaires; mais ici la mauvaise gestion, la ruine, l'incendie, la spéculation peuvent amener les embarras les plus graves et compromettre la sécurité publique. On ne joue pas ainsi avec la fabrication du pain.

Le *Journal de Rouen*, en traitant cette affaire soumise à la municipalité rouennaise, a fait preuve de la plus grande modération; seulement il croit aux promesses des pétitionnaires et il engage la mairie à accepter leurs propositions, et nous qui avons la certitude que ces promesses ne sont qu'un leurre, qu'elles ne pourront jamais se réaliser, qu'il n'y a là-dessous qu'une affaire d'actions et de cession de brevets, nous conseillons à la mairie de Rouen de ne pas s'y laisser prendre. Seulement, — et sur ce point nous sommes en parfait accord avec le journal rouennais, — nous pensons qu'il y a assez de temps que cette affaire est en suspens, que de plus longs retards froisseraient des intérêts respectables, qu'il faut en finir. Mais le moyen le plus simple et le plus sûr, ce n'est pas de traiter avec les pétitionnaires, c'est de les engager à aller chercher fortune ailleurs.

Nous avons parlé, il y a quelques jours, d'un projet d'établissement à Rouen d'une meunerie-boulangerie, soumis en ce moment à l'examen de la mairie de cette ville. C'est dans le *Journal de Rouen* que nous avons appris cette nouvelle; c'est la *Normandie* qui se charge de répondre aux observations que nous avons présentées sur ce projet.

Nous avions, par des faits, par des calculs pris dans la pratique, démontré que les promesses faites par les entrepreneurs de meunerie-boulangerie étaient purement illusoires, et n'étaient en général mises en avant que pour vendre de prétendus brevets et disposer de l'argent d'actionnaires assez imprudents pour se laisser prendre à l'amorce des prospectus. Que répond la *Normandie?*

« Laissons là, dit-elle, toutes les appréciations de l'*Écho agricole*, « que nous ne pouvons accepter que sous bénéfice d'inventaire; il ne « s'agit pas de discuter les moyens d'exécution, c'est une affaire qui « regarde les intéressés. La municipalité, devant les promesses qui « lui sont faites, devant les rapports officiels qui lui sont adressés, ne « peut s'occuper que de l'*intérêt public;* les questions commerciales ne « sont pas de sa compétence, ni de la nôtre. Si le système est mauvais, « la ville n'aura pas à en souffrir ni la population, et la boulangerie « encore moins. Toutes choses reviendront en l'état, et le moindre « résultat qu'on puisse attendre, à en juger par l'enquête dont nous « avons présenté le résumé, est une amélioration dans la fabrication. « Il n'y a donc pas à hésiter.

« Nous ne prétendons pas ici que la boulangerie rouennaise travaille « mal; mais dans quelle industrie si avancée qu'elle soit, peut-on prétendre avoir atteint le mieux possible? »

La feuille rouennaise émet, en fait d'administration publique, un singulier système. M. le maire de Rouen n'a point à examiner la valeur commerciale du projet dont il doit autoriser l'exploitation, et auquel il doit accorder des franchises particulières? On lui affirme, foi de gérant de société en commandite, que la chose est excellente; il doit la prendre sur parole? Si les actionnaires voient, comme à Lyon, leur capital disparaître, qu'importe! « la ville n'aura pas à en souffrir, ni la population, et la boulangerie encore moins? »

On concevrait un pareil optimisme, s'il s'agissait d'industries libres qui, selon leur nature, n'ont besoin de faire à l'autorité qu'une simple déclaration. Que la boulangerie soit déclarée libre, la mairie n'aura pas à s'enquérir du mérite de tel ou tel système de fabrication, fût-il le plus mal conçu du monde; mais, jusqu'à présent, ce n'est pas ainsi que se traitent, en France, les affaires qui concernent la vente du pain. Quand il s'agit de porter atteinte à des règlements éprouvés; de troubler une organisation dont les services sont depuis longtemps appréciés, M. le maire de Rouen doit trouver assez singulier qu'on prétende mettre des bornes au pouvoir que la loi lui confère et des limites à son examen et à sa prudence. Ce n'est pas ainsi que nous avons compris la question, et nous croyons avoir rendu service à l'autorité municipale, en lui signalant les points d'exécution par lesquels pêche le projet soumis à son approbation.

A Paris, c'est ainsi qu'il a été procédé quand il s'est agi de modifier l'organisation actuelle de la boulangerie et de la transformer en un certain nombre de meuneries-boulangeries. Là aussi on faisait valoir de notables économies sur le prix de revient du pain, on vantait les pétrins-mécaniques, la réunion de la mouture, l'abaissement des frais généraux. Des enquêtes ont dû avoir lieu. Eh bien! voici, dans une de ces enquêtes, quel a été le dire de M. le préfet de police :

« Je ne pense pas, disait ce magistrat, que les moyens mécaniques « appliqués à la panification, et auxquels on attribue une grande éco- « nomie, répondent à toutes les espérances. Jusqu'à présent, du moins, « cette question n'a pas été favorablement résolue. La fabrication du « pain exige des opérations trop variées pour que la mécanique puisse « remplacer, non-seulement les bras, mais l'expérience de l'ouvrier: « chaque forme, chaque qualité de pain demande les soins particu- « liers. Les pétrins mécaniques n'accomplissent qu'une seule des nom- « breuses opérations de la panification; ils nécessitent la surveillance « constante et l'intelligence de l'homme et ne comportent aucune sup- « pression d'ouvriers et aucune réduction de salaires.

« Je crains, ajoute-t-il, que les auteurs du pétrin ne s'abusent sur

« les frais de transport, de location, de personnel qu'exigent cette « vaste entreprise. La multitude des agents dont le travail ne pourrait « être contrôlé, entraînerait des pertes de temps considérables, se tra- « duisant en déficit pour la société.

« Un autre inconvénient, c'est la vente du pain au poids. Chaque « dépositaire en recevra une certaine quantité pesée ensemble; mais « dans l'intervalle de la manutention à la vente, l'évaporation produira « une réduction, et il n'en faudra pas moins livrer au consommateur « un poids intégral. La société sera obligée de supporter cette diffé- « rence, dont elle ne pourra rendre un compte exact; et ce sera une « nouvelle déception, sous le rapport de l'économie, une source de « *coulage* en terme de pratique. »

Ainsi M. le préfet de police de Paris, qui est à l'égard de la boulangerie parisienne ce que M. le maire de Rouen est à la boulangerie rouennaise, a voulu s'occuper de tous les détails d'exécution pour savoir s'il y avait raisons suffisantes de changer l'état de choses existant. M. le maire de Rouen ne voudra pas certainement procéder avec moins de soins et de méthode.

M. le préfet de police ne croyait pas non plus que les établissements nouveaux ne suffisant pas, les choses reviendraient paisiblement en l'état, comme le prétend la *Normandie*.

Au point de vue de l'ordre public et de la régularité du service, ce magistrat demandait, au contraire, ce qui arriverait si les prévisions des entrepreneurs ne se réalisaient pas, si, après être entrée en fonction, la société était obligée pour une cause ou pour une autre de suspendre ses opérations, alors qu'une partie des fonds de boulangerie aurait été ou ruinés par cette concurrence ou supprimés par la compagnie elle-même.

« En 1848, disait M. le préfet, lors des événements de février et de « juin, les tristes prévisions que je viens d'exprimer se seraient infailli- « blement réalisées. Il y aurait eu là un moyen puissant de soulever la « partie de la population restée calme; les voitures de l'entreprise « auraient été pillées, ceux qui auraient attendu le pain aux dépôts se « seraient portés à des actes de violence envers les dépositaires dému- « nis; tandis qu'au contraire, le service du pain se trouvant réparti « dans tous les quartiers, s'est fait avec la plus grande régularité, « même sur les points livrés à l'insurrection. »

Cette dernière appréhension n'est pas sans doute aussi applicable à Rouen qu'à Paris, mais elle prouve qu'aucune considération n'avait échappé à M. le préfet de police, chargé de donner son avis sur des projets analogues à celui qui est soumis aujourd'hui à la municipalité rouennaise, et qu'il les a repoussés d'abord comme insuffisants au point de vue pratique. Ce n'est donc pas seulement l'opinion de l'*Écho agricole*, mais celle de l'un de nos premiers magistrats qui, dans leurs allégations, combat les partisans de la spéculation rouennaise.

La *Normandie* nous dit qu'il n'y a pas de *four Roland* à Orléans. Que nous importe le four Roland? que nous importe le *pétrin Roland?* Nous voulons bien, si vous le voulez, supposer que ces instruments valent leurs similaires; mais, nous l'avons déjà dit, il est impossible de faire ressortir de leur emploi aucune économie appréciable sur le prix du pain. C'est une spéculation habilement exploitée, et rien de plus. Ce qui existe bien à Orléans, c'est un établissement qui a pris le nom de *Manutention civile*, qui primitivement faisait de la meunerie-boulangerie, et qui aujourd'hui a cédé ses moulins et achète de la farine pour cuire. Chaque jour, il vend à peu près 500 pains de 4 et 2 kilog. Si la société qui l'exploite eût trouvé du bénéfice à la meunerie-boulangerie, elle n'eût pas loué ses moulins à un meunier de la localité. Voilà tout ce que nous voulions dire.

La boulangerie-meunerie d'Orléans n'a ni fours ni pétrins Roland. soit! C'est une preuve que la meunerie-boulangerie est impuissante, quelle que soit le système de panification; mais Lyon, mais Fontainebleau, mais Beauvais possédaient ces merveilleux appareils. et nous avons dit ce qui en est advenu.

Aux places démantelées que nous avons citées, nous aurions pu ajouter Aubenas, où, après une dépense de 100,000 fr., l'établissement est tombé en déconfiture et s'est vendu 1,500 fr. ou 1,600 fr. par autorité de justice; Annonay où la boulangerie nouvelle est fermée; Grenoble où les fours ne fonctionnent plus; Rive-de-Gier où les fondateurs se sont fusionnés avec ceux de Saint-Étienne, etc., etc.

Au prix de taxe, lorsque la taxe est établie sur des bases convenables, nous ne disons pas que des boulangeries ordinaires bien placées ne pourraient pas réussir comme d'autres, avec un four Roland, quoique jusqu'ici, à Paris, l'expérience n'ait pas été en faveur de cet appareil; mais nous disons et répétons, avec M. le préfet de police de Paris, que les grands établissements qu'on voudrait introduire à Rouen, qu'ils aient ou non des pétrins et des fours Roland, seraient impuissants à donner le pain au-dessous de la taxe; qu'il n'y a donc aucun intérêt à détruire le système actuel des boulangeries disséminées, pour y substituer de vastes manutentions ayant des dépôts en ville; enfin qu'il y aurait danger à exposer une ville populeuse aux éventualités d'une pareille entreprise.

Le *Nouvelliste de Rouen, Moniteur de la Normandie*, publie dans ses numéros des 5 et 6 novembre, une très longue lettre qui nous avait été précédemment adressée par M. Lesobre, vendeurs des fours et des pétrins Roland. Nous n'avions accepté l'insertion de cette lettre qu'à la condition qu'il en serait retranché :

1° Toutes phrases, expressions ou insinuations malveillantes, perfides ou mensongères ;

2° Tout ce qui concerne l'administration de l'assistance publique de Paris, à moins que cette administration n'eût préalablement consenti à admettre cette polémique.

Nous regrettons que la feuille rouennaise n'ait pas mis la même réserve que nous à accepter de M. Lesobre cette longue et compromettante épître qui n'est, en réalité, qu'un prospectus en faveur du commerce de M. Lesobre, et qui n'apporte aucune lumière dans le débat soulevé à Rouen à propos de la question meunerie-boulangerie.

Nous l'avons déjà dit et répété, le four et le pétrin dont M. Lesobre est constructeur et vendeur nous intéressent fort peu, et nous n'aurions jamais eu à en parler, très probablement, si M. Lesobre ne leur avait assigné des qualités qu'ils ne possèdent pas, et notamment celle de permettre, au moyen de prétendues économies, soit dans le chauffage, soit dans la main-d'œuvre, de vendre le pain à 2 centimes et même 4 centimes par kilogramme au-dessous du prix de taxe, tout en conservant pour l'exploitant un bénéfice convenable. Nous avons nié que ces appareils offrissent plus d'avantages que les fours ordinaires dont font usage les boulangers de Paris ; mais si, par hasard, nous commettions une erreur à cet égard, le moyen de nous en permettre le redressement n'était pas pour M. Lesobre d'indiquer le nombre des fours qu'il a pu vendre tant en France qu'à l'étranger, mais de faire connaître quels bénéfices ses acheteurs avaient pu retirer de l'emploi de ses fours et de ses pétrins.

M. Lesobre dira, sans doute, qu'il confectionne et vend ses appareils et qu'il ne garantit pas les avantages qui peuvent en résulter; cependant il nous semble qu'il est grandement intéressé, pour l'honneur de son entreprise et le soutien de ses assertions, à faire connaître combien de boulangeries, dans les 254 qu'il cite, ont fait des bénéfices convenables, après avoir vendu le pain 2 et 4 centimes par kilogramme au-dessous du prix de taxe. Ce ne serait pas là, d'ailleurs, un grand tour de force, puisqu'avec des fours ordinaires, sans meunerie adjointe, nous voyons à Rouen aussi bien qu'à Paris des boulangers vendre du pain sur les marchés à 2 centimes 1/2 par kilogramme au-dessous de la taxe.

Que M. Lesobre prouve donc aux autorités rouennaises, par des chiffres vrais et authentiquement constatés, que l'exploitation de ses fours donne plus de bénéfice que les fours ordinaires, il nous trouvera très disposé à vanter sa marchandise, comme toutes celles qui peuvent en définitive apporter des avantages réels, non pas seulement aux vendeurs, mais au public.

Mais, jusqu'à présent, nous avons vu plusieurs exploitations de ce genre, grandes et petites, forcées de se liquider après avoir dévoré de gros capitaux, et voilà pourquoi nous disons aux autorités rouennaises : Méfiez-vous des prospectus de MM. les spéculateurs en meunerie-boulangerie.

Au résumé, à nos yeux, de tous les instructifs débats soulevés dans ces derniers temps par les adversaires de l'organisation de la boulangerie parisienne, et plus récemment de la boulangerie rouennaise, il résulte que l'administration qui s'intéresse avec raison à ce que le prix du pain soit contenu dans de justes limites, n'a que trois moyens d'organiser la boulangerie :

La liberté complète, et c'est probablement le mode qui serait le plus simple et le plus facile ;

La taxe et la limitation, avec des fonds disséminés, et dont le nombre serait proportionnel au chiffre de la population, c'est l'organisation actuelle ;

Enfin le monopole, qui serait la conséquence de priviléges concédés à des meuneries-boulangeries.

L'expérience faite sur certains points, notamment à Lyon, à Fontainebleau, à Beauvais, etc., prouve que ce système ne peut établir le pain à meilleur marché, sans amener la ruine des entrepreneurs, et les esprits qui repoussent les idées aventureuses craignent avec raison, selon nous, qu'il n'entraîne, en outre, de véritables dangers de plus d'un genre pour la sécurité publique.

La lettre de M. Lesobre ne contient que des récriminations sans valeur ; elle n'aborde pas la véritable question soumise à l'appréciation des autorités municipales de Rouen ; elle présente même matière sur certains points à des réclamations sérieuses de la part de tiers ; voilà pour quels motifs nous en avons refusé l'insertion, et nous aurions désiré que le *Nouvelliste de Rouen* imitât notre prudente et légitime réserve.

Nous avons parlé, il y a quelque temps, de l'enquête établie devant les autorités rouennaises, au sujet d'un projet de meunerie-boulangerie formé par un sieur Périer, représentant ou concessionnaire de la Société des fours et pétrins Roland. Nous avons aujourd'hui sous les yeux un mémoire adressé à cette occasion par le syndicat des boulangers de la ville de Rouen à M. le sénateur préfet de la Seine-Inférieure.

Le sieur Périer demande à M. le maire de Rouen l'autorisation d'établir, dans cette ville, une meunerie-boulangerie, pour l'exploitation de laquelle il compte former une société en commandite par actions. Dans cet établissement, le pain, après la conversion du blé en farine, serait fabriqué dans des fours à sole tournante, dits fours Roland; on emploierait, dans la préparation de la pâte, le pétrin mécanique du même inventeur, et la société, dont le sieur Périer serait l'organisateur ou le gérant, serait autorisée à établir dans différents quartiers de Rouen, des maisons de vente, dans lesquelles le pain serait transporté de l'établissement principal. Le sieur Périer s'engagerait à livrer le pain aux consommateurs à 3 c. par kilog. au-dessous de la taxe.

Le mémoire développe les propositions suivantes :

1° L'établissement projeté par le sieur Périer, dans les conditions où il veut le créer, est incompatible avec les règlements qui régissent la boulangerie de Rouen, et l'autorisation sollicitée par lui ne peut être accordée sans violer ces règlements ;

2° Les règlements auxquels la boulangerie de Rouen est soumise ne peuvent pas être modifiés par arrêté municipal ou préfectoral, mais seulement par décret impérial ;

3° L'établissement projeté par le sieur Périer ne peut pas amener une diminution dans le prix du pain, et la promesse d'un rabais de 3 c. est impossible à tenir ;

4° Enfin le système que le projet du sieur Périer a pour objet d'essayer à Rouen présenterait, s'il pouvait réussir, de grands dangers pour l'ordre public.

Ces diverses propositions sont traitées avec une clarté et une précision qui ne peuvent laisser aucun doute sur la justesse de leurs conclusions. Dans celle relative à la valeur des fours et pétrins Roland, nous trouvons consignés des faits qui confirment et élargissent de beaucoup ceux que nous avons déjà publiés. Ainsi sur cinq fours Roland établis à Paris, quatre ont été supprimés; le cinquième, exploité par la veuve Thillois, existe encore, par la raison qu'il ne lui appartient pas : c'est le propriétaire de la maison qui l'a fait établir.

La Société qui exploite les appareils, fours et pétrins Roland convient que Paris ne lui a pas été favorable ; mais elle en appelle aux départements et à l'étranger et cite le chiffre de ces concessions; mais elle ne dit pas, et pour cause, si ces concessionnaires ont réussi. Or, d'après une enquête citée dans le mémoire dont nous nous occupons, et qui a été faite, aux mois de juin et juillet derniers, dans un intérêt qui n'était pas celui de la boulangerie rouennaise, on trouve que de graves mécomptes touchant l'emploi de ces appareils ont été éprouvés à : Amiens, Avranches, Bayonne, Besançon, Bourges, Beauvais, Clamecy, Clermont, Dijon, Dunkerque, Évreux, Fontainebleau, Gray, Grenoble, Honfleur, Langres, Lyon, Mirecourt, Montpellier, Morlaix, Moulins, Nancy, Nantes, Orléans, Reims, Rochefort, Salins, Saint-Étienne, Saint-Lô, Saint-Quentin, Sedan, Sèvres, Tours, Valence, Vienne, Vierzon, Vire et Vitry-le-François.

Dans quelques-unes de ces villes, il y avait des moulins à côté de la boulangerie, et on y réunissait ainsi la double fabrication de la farine et du pain. Les résultats n'ont pas été meilleurs.

En présence de ces faits, il est évident que ni les appareils Roland, ni la réunion de la meunerie à la boulangerie ne peuvent en rien contribuer à amener une diminution sur le prix du pain, et la promesse faite par le sieur Périer d'un rabais de 3 centimes par kilogramme de pain, ne serait pas mieux tenue à Rouen qu'elle ne l'a été à Bourges, à Fontainebleau, à Dunkerque et dans une foule d'autres villes.

Si, à côté de ces difficultés matérielles, on se rend compte des dangers de toute nature que présenterait, dans nos grandes villes, la concentration de la fabrication et de la vente du pain, dans un petit nombre de gros établissements, dangers que le mémoire fait parfaitement entrevoir, on ne sera pas étonné du soin que l'administration rouennaise met à s'enquérir, avant de se prononcer sur la demande du sieur Périer et de bouleverser un régime qui fonctionne depuis quarante ans, et qui n'a cessé pendant cette longue période de présenter à l'administration et au public toutes les garanties désirables.

M. Gosset, dont le nom figure depuis dix ans au moins dans toutes les questions de boulangerie, vient de publier un nouvel opuscule sur la *nécessité* de créer de grandes manutentions civiles (*meunerie-boulangerie*) dans toutes les villes de France, particulièrement à Paris.

Dans cet opuscule, M. Gosset se croit obligé de rendre compte à M. le ministre de l'agriculture, du commerce et des travaux publics, des résultats d'un voyage qu'il a dernièrement exécuté sur différents points de la France, dans le but de se livrer à de consciencieuses investigations sur la position des quelques nouveaux établissements de panification.

« S'il est exact, dit-il à Son Excellence, que le *bien*, avant de se pro-
« duire, a besoin de passer par le *mal*, l'application de cette maxime,
« indice de nos travers, s'est rencontrée dans les essais nouveaux
« tentés sur la production du pain. C'est un triste aveu à vous faire,
« Monsieur le Ministre, tout ce qui a été entrepris à cet égard est
« loin d'être à l'état prospère... Les hommes qui possèdent les qualités
« essentielles à la réussite de ces affaires, ne sont généralement pas
« ceux qui entreprennent de les produire ; ceux-là sont retenus, occupés
« par des positions faites et par des intérêts souvent opposés au succès
« de ces combinaisons nouvelles. Ceux qui, jusqu'ici, s'en sont emparés
« et ont cherché à les accréditer, sont généralement des hommes qui
« se trouvaient placés en dehors de cette spécialité ; ils y ont apporté
« un caractère trop prononcé de faiseurs d'affaires ; ils ont trop recher-
« ché des profits personnels et immédiats ; ils ont trop négligé d'en
« assurer l'avenir. »

Voilà l'opinion de M. Gosset sur les différents établissements de panification qui se sont fondés dans ces derniers temps sous prétexte de donner le pain à meilleur marché.

Mais, bien entendu, M. Gosset ne se tient pas pour battu. Il serait trop long de le suivre dans les raisons qu'il en donne, et dans les motifs de la préférence qu'il accorde à tel ou tel système de moulins et de fours (1). Nous ne voulons, à cet égard, entrer dans aucuns détails ; ce qu'il importe d'examiner, c'est la pensée de son opuscule, c'est la nécessité de créer de grandes manutentions civiles (meunerie-boulangerie) dans toutes les villes de France, particulièrement à Paris.

La boulangerie de nos grandes villes peut être organisée de plusieurs manières :

(1) M. Gosset explique pourquoi, en fait de moulins, il n'est point encore fixé sur le mérite des meules coniques Westrup et des meules occillantes de M. Chapelle. En fait de fours, pourquoi il préfère à toutes les prétendues inventions nouvelles, les vieux fours de nos ancêtres, avec les perfectionnements qu'y ont introduits MM. Jomeau frères et M. l'ingénieur Lespinasse.

La première serait la libre concurrence; point de taxe, point de limitation du nombre des boulangers; pas d'autre intervention administrative que celle relative à la surveillance du débit, relativement à la qualité et au poids du pain. C'est ainsi que la boulangerie s'exerce en Angleterre, en Belgique, et, dit-on, à Berlin et à Madrid. En fait, c'est l'absence de toute organisation municipale, et le moyen le plus simple de résoudre, par la libre concurrence, les difficultés que font naître la lutte entre les autres systèmes qui ont pour base la réglementation. Mais en France, la loi de 1791 a établi en principe que les maires ont le droit de taxer le pain; nos codes autorisent les tribunaux à prononcer des peines de simple police contre les boulangers qui vendent le pain au-delà du prix fixé par la taxe légalement faite et publiée: la taxe du pain est un fait malheureusement passé dans nos mœurs, elle est réclamée à la fois, tant est grand le préjugé, par le consommateur et par le boulanger. On abandonnerait donc difficilement la taxe du pain, malgré les difficultés qu'elle présente.

Le droit de taxer le pain emporte-t-il celui d'organiser la boulangerie, de la limiter, de lui imposer des charges particulières? Cette conséquence est très contestable; on peut en effet très bien supposer une taxe de pain sans limitation du nombre des boulangers. La loi de 1791 l'avait très probablement compris ainsi. Nous voyions, il y a quelques années, dans la banlieue de Paris et à Lyon, l'application de ce système. La municipalité taxait le prix du pain, et s'établissait qui voulait en se conformant aux prescriptions de la taxe; le nombre des boulangeries n'était pas limité.

Mais sur d'autres points, et notamment à Paris, on a voulu, en limitant le nombre des boulangers, restreindre leurs frais généraux et donner à la taxe des bases plus économiques. Cette conséquence, comme nous l'avons déjà dit, peut être discutée; mais on a pensé qu'en posant une limitation calculée sur l'importance de la population, on donnait satisfaction complète au consommateur, et qu'en même temps on créait une boulangerie assez forte pour avoir des réserves en magasin, accorder les crédits suffisants aux familles nécessiteuses, et présenter à l'autorité toute garantie dans les moments difficiles.

Ce mode est celui qui a été organisé par le premier consul Bonaparte, par arrêté du 19 vendémiaire an X (11 octobre 1801); confirmé, sauf quelques modifications sans importance, par les gouvernements qui se sont succédé depuis, et sanctionné enfin par le décret impérial du 1er novembre 1854, tant pour Paris que pour la banlieue, et par celui du 7 février 1857 relatif à la boulangerie de Lyon.

Cependant, au moment où le prix des grains était élevé, où la cherté des subsistances préoccupait vivement les esprits, cette organisation qui a pour elle plus d'un demi-siècle d'existence et un fonctionnement facile, quelles qu'aient été les difficultés des circonstances, cette organisation a trouvé des adversaires plus ou moins convaincus. Comme à toutes les époques de rareté et de cherté, c'était au boulanger, au meunier, au commerçant, qu'il fallait s'en prendre : triste préjugé qui s'efface quand revient l'abondance. Mais si les préjugés s'effacent avec le retour de bonnes moissons et de la baisse, qui en est la conséquence, la spéculation n'abandonne pas si vite l'espoir de les exploiter, et c'est dans cet ordre d'idées que nous avons vu apparaître, dans ces derniers temps, un nouveau mode d'organisation de la boulangerie. Ces spéculateurs demandaient-ils la liberté du commerce de la boulangerie, ou sans la taxe ou avec la taxe? On pourrait le penser, puisqu'un des motifs qu'ils présentent à l'appui de leur demande, c'est l'engagement de vendre le pain à un ou plusieurs centimes par kilogramme au-dessous de la taxe; puisque, suivant leurs dires, ils peuvent établir le pain au-dessous d'une taxe qui laisse déjà peu de bénéfice au boulanger : mais tel n'est pas leur calcul : ils veulent obtenir le patronage des municipalités, et demandent que celles-ci bouleversent en leur faveur l'organisation existante.

Ils disent : « Nous allons établir aux extrémités de la ville des boulangeries-meuneries, dans lesquelles nous fabriquerons la farine et le pain ; puis, comme le consommateur ne pourra pas venir à plusieurs kilomètres de son domicile chercher lui-même son pain à la fabrique centrale, nous aurons dans toute la ville, là où nous le croirons nécessaire, des dépôts où nous apporterons le pain en quantité suffisante pour que chacun puisse s'approvisionner. Si vous nous accordez ce privilége, nous donnerons le pain au-dessous de la taxe. »

Comme on le voit, ces spéculateurs veulent obtenir pour eux le bénéfice de la limitation : mais au lieu de laisser chaque boulanger acheter sa farine au meunier et fabriquer son pain, ils accapareraient la fabrication de la farine et du pain, et les boulangers actuels ne seraient plus que leurs dépositaires.

C'est ce système que M. Gosset a vu fonctionner sur quelques points des départements, dans des conditions qu'il déplore, mais qu'il ne lui semble pas impossible d'améliorer.

Pour réussir, suivant lui, ce système doit d'abord trouver le *capital*, « cet important personnage qui généralement fait défaut à ces entreprises. »

Puis « obtenir le patronage de l'État et des pouvoirs municipaux. »

« En elle-même, dit-il, l'opération est des plus simples : *bien acheter le blé, bien moudre, bien panifier.* »

Enfin, pour assurer cette opération si simple : M. Gosset à Paris et les hommes de son choix dans la province.

Nous sommes persuadé d'une chose, c'est que M. Gosset croit au bon fonctionnement de son œuvre; à la possibilité pour lui de faire mieux que ceux qui l'ont précédé dans cette voie, et dont il signale l'insuccès à M. le ministre de l'agriculture et du commerce. Nous n'essaierons pas de changer sa conviction; mais aux municipalités qui ne voudraient pas recourir à la liberté complète de la boulangerie, et laisser chacun fabriquer et vendre le pain à sa guise, nous devons dire :

L'organisation d'une boulangerie taxée, limitée et disséminée sur toute la surface de la ville, nous paraît, d'après les raisonnements et les faits, être celle qui se rapproche le plus des conséquences de la liberté et qui présente à l'autorité et au public le plus de garantie. La boulangerie, dans ses rapports avec le public, est un commerce de détail, dont le chef doit faire beaucoup par lui-même, qui exige une très grande surveillance et qui ne supporte pas des frais d'état-major.

A Paris et dans la banlieue, la fabrication et la vente du pain sont répartis entre 1,200 boulangeries; remplacez ces 1,200 manutentions à la portée des consommateurs, indépendantes les unes des autres, par une vingtaine de gros établissements privilégiés de meunerie-boulangerie, non-seulement vous n'aurez pas amoindri les dépenses, car il leur faudra subir des frais de transport, des frais de dépôts, d'inspection, etc., etc., mais vous vous serez exposés volontairement à des risques qu'une bonne organisation doit avoir précisément pour but d'écarter.

Bien acheter le blé, bien moudre et bien panifier ! c'est tout simple, dit M. Gosset; oui ! à condition de le pouvoir et de le savoir. Et c'est précisément pour atteindre ce triple but que les rôles se sont naturellement partagés. Acheter et moudre, c'est le rôle du meunier, et c'est ainsi que la farine peut se fabriquer au plus bas prix et en la meilleure qualité possibles. Panifier et vendre le pain au goût de la pratique, c'est le rôle du boulanger sans intermédiaire entre lui et le public. Vouloir réunir deux industries qui s'exercent dans des conditions tout à fait différentes, c'est évidemment faire fausse route; on pourra tromper un instant des actionnaires; mais, quoi qu'on fasse, l'insuccès est au bout. Vainement prend-on pour exemple les fournitures réglementaires de l'administration des hospices ou de la Guerre. Si bien traités que soient aujourd'hui nos soldats, sous tous les rapports, notamment en ce qui concerne la qualité du pain de munition, nos populations urbaines ne sont pas enregimentées, et nos grandes villes ne sont ni des hôpitaux ni des casernes.

Il y a quelque temps (1), en rendant compte d'un projet de meunerie-boulangerie soumis à la municipalité de Rouen, nous exposions, d'après des renseignements certains, que la plupart des établissements de ce genre, montés sur la même base, avaient échoué. M. Gosset, dans un rapport imprimé adressé récemment à M. le ministre de l'agriculture, du commerce et des travaux publics, et dont nous avons rendu compte (2), constate les mêmes insuccès. Cependant on nous opposait la prétendue prospérité de l'établissement de Saint-Étienne, fondé en septembre 1856. A cela nous répondions : « Il faut voir la fin. »

Nous apprenons aujourd'hui que la Société de Saint-Étienne vient de se décider à fermer ses fours, et cependant cette Société était dirigée par des hommes d'une haute valeur; mais, plus sages que bien d'autres, lorsqu'après une expérience suffisamment prolongée, ils ont vu que l'opération était loin de présenter les avantages présumés, ils n'ont pas voulu continuer quand même. Ils se sont arrêtés à temps.

Cette détermination leur fait honneur; mais elle prouve une fois de plus qu'il y a telles industries qui ne peuvent pas et ne doivent pas se centraliser. La boulangerie est une de ces industries.

Nous l'avons déjà dit : « Pour se rendre à ce sujet un compte exact, il faut considérer ce qui se passe dans les pays où la boulangerie est une profession libre. A Londres, par exemple, cette liberté existe; les capitaux et l'esprit d'entreprise ne manquent pas; il y a au milieu de la Cité, sur le bord de la Tamise, des moulins à vapeur; si la fabrication et la vente du pain pouvaient s'y adjoindre avec profit, il y a longtemps que la meunerie-boulangerie s'y serait installée. Si cette alliance ne s'est pas faite, c'est qu'elle a été jugée impraticable. »

Ce qui se passe aujourd'hui à Saint-Étienne en est une nouvelle preuve, une preuve incontestable; car, nous le répétons, rien ne manquait à cette Société, ni l'honorabilité de sa composition, ni sa puissance, ni l'habileté de sa direction.

(1) Voir l'*Écho agricole* du 21 octobre 1857.
(2) Voir l'*Écho agricole* du 9 décembre 1857.

Paris. — Imp. Preve et Comp., rue Jean-Jacques-Rousseau, 15.

www.ingramcontent.com/pod-product-compliance
Lightning Source LLC
LaVergne TN
LVHW052030160826
845678LV00003B/1268

* 9 7 8 2 3 2 9 6 2 2 7 6 7 *